그래도 사랑

국립중앙도서관 출판예정도서목록(CIP)

그래도 사랑 : 노금선 시집 / 지은이: 노금선. -- 대전 : 이든북, 2018
  p. ; cm. -- (이든시인선 ; 026)

대전광역시, 대전문화재단에서 사업비 일부를 지원 받았음
ISBN 979-11-87833-81-9 03810 : ₩10000

한국 현대시[韓國現代詩]

811.7-KDC6
895.715-DDC23   CIP2018041625

그래도 사랑

이든시인선 026

노금선 시집

| 시인의 말 |

등단 13년 만에 3번째 시집이다
전업 시인이라면 엄청 게으른 편이고
직장인으로는 보통이라고 해야 할까
박사학위 논문에 실렸던 시들과
평소 행사 때마다 축시로 썼던 시들로 엮어 보았다
올해는 나름대로 결실을 많이 얻은 해 같아 기쁘다
남은 세월 헤아리지 않고 날마다 주님과 동행하며
감사하는 날들을 보내고 싶다.

2018년의 끝자락에서

차례

시인의 말 —————— 5

1부 어떤 흔들림

아름다운 환영	15
미인	16
날마다 환희	17
낯선 여자	18
바람의 언어	20
나를 찾아서	21
무상	22
가는 봄	23
떠도는 시간	24
화이트 아웃	25
통증날개	26
안개비	28

2부 다시 시작되는 세계

부메랑 ——————— 31
닻줄 ——————— 32
밤기차 ——————— 33
벌 ——————— 34
오월 ——————— 35
찌 ——————— 36
가을 숲으로 ——————— 37
꽃이 걸어오자 산이 붉어진다 ——————— 38
생의 몰락 ——————— 40
야간개장 ——————— 41
나비가 된 사람들 ——————— 42

3부 소란과 사람

물고기가 된 아버지	45
최선의 안녕	46
8.15 전야제	48
노모	49
전당포	50
장마	52
이것은 꽃이 아니다	53
눈부신 용서	54
유랑	56
늦깎이	57
휘발유	58
신탄진	60

4부 그래도 사랑

봄	65
회상	66
눈물 클로버	68
선운사 동백	69
강물처럼	70
너	71
가원학교	72
홍숙이	74
고성	75
숯	76
한 줌 햇살	77

5부 오래오래 빛날 기억들_1

희년에 맞이하는 부활주일 아침 ——————— 81
내 사랑 나전에게 ——————— 84
아름다운 산 ——————— 86
향기로운 꽃이어라 ——————— 88
돌아본 세월 ——————— 90
비상하라 날개여 ——————— 92
광야를 달려라 ——————— 94
수묵화 같은 여자 ——————— 96
색소폰 닮은 남자 ——————— 98
원자력 연구소 ——————— 100
임이여 이렇게 가셨습니까 ——————— 102
당신은 우리의 사랑 ——————— 104
연파선생 탄신 백주년에 ——————— 106
빛나는 당신의 생애 ——————— 108
임이 가시던 날 ——————— 110

5부 **오래오래 빛날 기억들_2**

행복을 찾는 사람들에게 ——— 112
충우여 아름다운 사랑이여 ——— 114
빛으로 채우소서 ——— 116
희망의 바람이어라 ——— 118
복지인이여 희망을 갖자 ——— 120
달려라 우리의 백마여! ——— 123

작품해설 | 김완하 ——— 126
사랑을 통한 생의 확대와 심화

1부

어떤 흔들림

아름다운 환영

배꼽을 외눈으로 뜨고 비스듬히 훑던
그녀의 손이 아래로 내려간다
바닷가에 아이들이 모래로 반죽하며 논다
모든 것의 투영인 반죽
그녀는 자신의 배설물 반죽하여 아름다운 벽지 만들고
도자기를 만든다
짙은 냄새가 방안을 돌아다닌다
아이들이 만든 모래성이 무너진다
보고 있던 그녀가 아이들에게 줄 간식을 만든다
맛있게 만든 쿠키를 주머니에 넣고
아이들 쪽으로 걸어간다
사방에서 짧고 강렬한 소리가 들린다
공포를 느낀 그녀가 주머니에 넣어둔 쿠키를 감싸 안고
마구 달린다

순간 걸음 멈춘 햇살이 거실을 읽고
묵묵히 끼어 있던 어둠의 서표들이 뛰어나온다
아이를 찾는 그녀의 손에 잘 반죽된 배설물이 씻겨 나가고
그녀는 잃어버린 쿠키를 찾아 거실을 맴돈다

미인

복어 알을 먹는다
얼굴로 조금씩 찍어 먹는다
팽팽해진 모습이 복어 배를 닮아간다

얼굴 속 복어 알이 깨어나더니
지느러미가 번지고
귓속에서 바닷소리가 들려온다

세월을 돌려놓을 줄 알았는데
진통제와 수면제가
친구 되어 밤마다 들볶인다

생애의 끝자락에는
어떤 모습으로 인사할까

날마다 환희

매일 하나씩 버리며 산다
부끄러운
다행이다

점심 약속은 안방에 버리고
새로 산 가방은 차에 두고
얼마 전 쓴 시 구절을 새 구절처럼 외며
무릎을 친다

요양원 할머니들
나도 버리고 어제도 버려서
서로를 안고 산다

잊어버릴 수 없는 것
버리고 난 뒤의 안식

죽음도 버릴 수 있다면
얼마나 좋을까

낯선 여자

요양원에서 며칠만 모셔온 어머니
잠깐 나갔다 온 사이
이부자리며 현관이며
냉장고 음식 모두 꺼내 소꿉놀이 한다
수저 놓고 돌아서자마자
밥 달라신다

걸레질도 상차림도
소꿉놀인 줄 아는 내 어머니
엄마, 엄마, 나를 부르는데
세 밤을 겨우 건너 다시 요양원 보내드리고
온종일 잠만 잤는데

고양이 한 마리 머리맡에 웅크린다
새끼 고양이 네 마리 앞세워
내 머리를 핥는다

놀라 깨어보니 창밖 어둠이 내려와 있고
미처 챙겨드리지 못한
어머니 목도리가

벽에 걸린 채 나를 보고 있다

청상과부로 아이 넷 키우며
힘들게 살아오시다
다 키운 자식 하나 앞세워 보내더니
불현듯 낯선 여자 된 어머니

잃어버린 기억조차 못 찾아주는
이런 게 자식이라니

바람의 언어

깃발처럼 나부끼는 기억을 밀어내며
해발 삼천이백미터 산의 팔백여 개 계단을 오르면
마주하는 바람의 성지

인생, 잠시 머물다 돌아가는 찰나
다 이루어질 것 같아
빌고 또 빈다

어제와 내일이 조우하면
풀 한 포기도 꺾지 못하는 애틋함으로
꽃 한 송이 선물하는 것

시간의 무게조차 가볍고
큰 소리로 번지는
침묵의 별리만 남아
몸은 허공이 된다

급하지 않고
게으르지 말고
살아가라고 타이르는
바람의 언어

나를 찾아서

교통사고로 그를 잃고
나는 산으로 들로 돌아다녔다
역 대합실에 나가 오지 않는 누군가를 기다리고
어디로 가는지 모른 채 기차에 몸을 던져 밤새 달리기도 했다
밤이면 현관문을 열어놓고 누군가를 기다리고
버릴 것도 잊을 것도 없는데
머릿속엔 무언가 가득 들어 있고
가슴은 텅 빈 채 바람만 불었다

잊어버린 건 세상에 있어도
잃어버린 건 세상에 없는 것이다

누구든지 만나 차도 마시고 이야기도 나누고
늦게까지 술을 마시고 거리를 쏘다녔다

비가 와서 한잔
눈 내리면 또 한잔
바람 부는 날은 바람이 불어 또 한잔했다

그가 떠난 자리에 새순이 돋을 때까지
나는 없고 누군가 내 인생을 살고 있었다

무상

젊음보다 가볍고
밤보다
무거운 영혼의 무게

공허한
가을 아침
죽음처럼 가라앉는
고요

저 눈부시게 아름다운 것
처절한
슬픔과 같다

가는 봄

목련이 걸어온다
하얀 교복 입은 소녀가 온다

꿈이 고이고 사색이 고이고
못내 울음 터트리듯 피어난 목련

비구름 비껴가고
동쪽 해 빛나니
오색 빛 봉사와 동백꽃 자태에
연정을 띄운다

목련도 아니고 동백 아닌 것이
살아온 세월 받은 건 사랑뿐이다
받았던 사랑 다 돌려주고 가야 하는데
내게 남은 시간 얼마나 될까

꽃 떨어진 자리
다시 동백은 피고
고개 드는 목련 한 송이

떠도는 시간

잠든 도시 위로 눈은 쌓이고
새벽은 어둠을 밀어내는데

오천 년을 살아가는
아프리카 바오밥 나무가 들려주는 이야기가
잠을 쫓는다

먼 길 돌아
미움과 절망까지 품을 수 있는 나이
견고한 자갈 물리고
삶의 속도를 조절할 수 없을까

누군가 잃고 떠남을 준비할 때에
놓을 줄 아는 것

쇠약해진 세월 따라
침묵으로 가는 들녘의 고요함처럼
아무것도 남지 않을 때
영혼의 겨울도 찾아온다

화이트 아웃

온통 설원이다
트럭들이 꼬리를 물고 도로 밖으로 미끄러진다
코드 블루 60센티의 적설량
강풍은 시속 80킬로로 몰아치고
최대 150센티를 예상하며
워싱턴이 죽었다

여기저기 시인이다
폭설로 빛을 잃은 도시 속으로
시들이 꼬리를 물고 거리에 쏟아진다
그 길을 걸으면 덜컥, 겁이 난다
이제 시는 별빛만이 아니다

길을 거닌 이들이 서로를 물어뜯으며
설원 위에 피를 쏟는다

통증날개

일주일에 삼일
세상 것 버리고 오는
산속 흙 나무집

텃밭 푸성귀는 자라고
뒷담 장작더미 위에
눈이 덮이면
아궁이 불 지피는 위로
자유가 모락모락 피어오른다

담금질 당하고 살아온 세월 속
해진 양말처럼 육신이 너덜거린다

산새조차 떠나버린 적막
침묵만이 노래하는 시간

고요의 짐승들이
허기진 배를 채우고 간 텃밭이
발자국 잔치로 지쳐있다

죽음이 찾아와 놀다가는 밤
겁먹은 별이 잠든 척 어둠을 지킨다

안개비

당신이 누구시길래
내 영혼 이리도 애잔하게
흔드시는가

그리움에 젖은 가슴
선홍으로 목이 타는데

저항하지 않고 살아온
물 같은 세월
모두 버리고
이제 떠나려 하시는가

그대
떠나는 뒷모습 서글퍼
안개비조차
온종일 숨어서 우네

2부
다시 시작되는 세계

부메랑

머릿속이 하얗다
포기하는 순간 죽는다 생각하니
불안과 초조가 밀려왔다
가야해 꼭 가야해
얼마나 오랫동안 준비해 온 일인가
목숨과 바꾸어도 좋다 생각하고 여기까지 왔다

호흡이 가빠지며 심장은 얼어붙는데
몸은 온통 땀에 젖었다
아무도 불평하지 않는다
빛조차 거부당한 지하
텅 빈 공포의 시간

"괜찮아요 이보다 더 오래 기다린 적도 있었어요"
존재의 가치도 상실한 어둠 속 목소리

새벽과 함께 시작된 절규
국경 너머의 환희
어둠에 가 닿은 삶
두 눈이 총구를 응시한다

닻줄

세월이 많이 남아 있는 줄 알았다

물고기가 네 발로 걸어 다닌다는 사실과
겨드랑이에 날개가 달린다는 사실을 알 때까지는

그날도 우리는 아침을 키우며
내일 전차가 올 것이라며 좋아했다

그가 떠났다 흰 수레를 타고 빗속으로 사라져 버렸다
길을 잃어버린 막막함이 스며들었다

막을 수 없이 흘러가는 시간 앞에 비밀의 방들이 열리고

정리되지 않은 생각이
무수한 귀로 다가와 내 안에서 웅웅 댔다

어둠 속에 태어난 새로운 것들이
방을 삼키는데

다시 시작할 수 없고 되돌아갈 수 없는
혼돈이 닻줄에 묶인 채 침묵하고 있었다

밤기차

오가는 이의 입김 흩어지는
서대전역의 자정

어디로든 가려고 찾은 이곳에서
종종걸음으로 열차에 오르던
나를 만났다

그때는 낭만과 멋에 취해
여수로 가는 밤기차 타고
화엄사에 있는 친구를 찾아 나섰지

이른 새벽 친구는 군불 지펴 방을 덥히고
청국장이 보글거리는 식사를 준비했지
회회덕대며 좋아하던 그날이 벌써 40년

나는 지금 어디 가려고 여기에 앉아 있는가
종착역까지 얼마나 더 달려야 하는가
그날의 내가 내게 손 흔드는 개찰구에서
나는 죽음행 열차를 기다린다

벌

깊은 생채기가 몸을 지배하는 날들

달라진 것은 없다
피보다 진한 악연
끊을 수 없는 족쇄

어린 시절 식은땀 흘리며 잠에서 깨면
아버지는 노름행
군불을 지피는 삼촌

먼지 가득한 방 귀퉁이에 앉아
꾸벅꾸벅 잠에 드는 일상

제 배에서 안 나왔다는 이유로
두드려 맞았던 그 시절이
내 몸에 새긴 건 폐결핵과 증오였지

깊이 내린 설움과 한
여자의 무덤을 파헤쳐야만 했다

오월

여린 새순과 고목이 마주한 계절
나비처럼 나풀거리며 뛰어오르는 어린것 쳐다보며
고목은 어린 새순의 옛날을 기억한다

뛰노는 아이들 머리 위로 튕기는 햇살
창을 따라 요양원 안으로 들어
누워있는 할머니 손에 내려앉는다

죽음이 마실 나가 찾아든 고요
생의 바깥으로 밀려 나간 고목은
하루를 천년인 듯 살았던 계절이 그립다

텅 빈 제 속을 들여다보는데
하얗고 예쁜 손 하나 카네이션 달아준다
감각 없는 눈동자와 마주치자 아이는
울음을 터뜨리며 달려 나가는데

고목에 파란 잎 돋는다
기억 잃은 눈동자가 아이를 쫓는다

찌

폭풍 몰려오는 밤
왜 서둘러 떠났을까
이끌리듯 무작정 떠나가는 그
붙잡을 수 없었다

화려한 유혹
깊은 수면 보이지 않는 어둠 속에서
그는 죽었다
팔딱거리는 심장이 잠시 요동쳤지만

시간은 잔잔하게 흐르고
빨간 찌가 올라왔다
채는 순간 누군가 죽었다

빨간 눈 하나 다시 물속으로 들어간다
저 날카로운 감각의 추적

가을 숲으로

산의 왼쪽 허리를 타고 흘러가는 구름
자꾸 숨어드는 가을 해를 붙잡고

수백 그루 메타세콰이아 그늘 속에
몸을 숨겨본다

먼 산등성으로 번져가는 노을빛
숨 막히도록 아찔해

휘파람을 분다
억새처럼 흔들려도 본다

혼자 산을 오르며
따라오는 바람에 고민 한 켜씩 벗어 놓는다

돌아오는 길은 혼자가 아니다
억새가 펼쳐놓은 가을이 따라온다

꽃이 걸어오자 산이 붉어진다

숨어 있던 것들과 가까워진 한낮
거짓 없는 슬픔 앞에 한숨짓던 여자
문 활짝 열어젖히고
생명의 노래를 듣는다

끝이 아니라 시작입니다
古稀가 아니라 高喜입니다
기쁨의 자리에 함께해 주세요

나무가 가지를 뻗는 동안
적막이 키워낸 살빛
바람과 꽃잎으로 잠시 머물다 떠난다

당신들의 웃음이
산 벚나무보다 귀하다

저무는 일만 남은 세월
뭐든 시작하라며 훈장 달아주는
꽃들의 손을 기억하며

밤을 견딘다
삶이 붉게 웃고 있다

생의 몰락

검푸른 밤바다 위를 헤엄치는
별을 보았다

어떤 것은 꼬리가 길어
수초에 걸려 허우적대다 죽었고
어떤 것은 꼬리가 짧아 멀리도 갔다

그 위를 나는 바람이
옅은 소금냄새를 옷깃 사이에 심어둔다

순진한 저 별들
파도에 몸을 맡긴 채
그들이 부르는 노래 따라
바다를 하얗게 휘젓다
깊이 침몰해버린다

문득 바닷속이 두려워
반짝이는 것들을 뒤로한 채
어디로든 갈 채비를 한다

야간개장

항구 불빛 아래
겨자씨만 한 꽃들의 소망 날리면
머리 위로 팔랑거리는 언어들이
비단처럼 뽑혀 나온다

고요의 이빨에 끼어
내 안에 있는 앙금 털어내는 순간
꽃대 하나 세울 수 없는 슬픔이
썩지 않는 울음을 토한다

가벼워져야 한다고
그게 사는 거라고
먼 항구 불빛 아래
빨간 토끼들이 기어간다

나비가 된 사람들

다음 생에 할 일을 정리해 놓았나
구름과 바람 사이를 떠도는 나비들

낯선 글자 쏟아 놓고
이승을 떠난 얼굴 서로 닮아간다

새로 날개 단 것들 하나씩 뛰쳐나와
풍경 속으로 사라졌다가
우주의 미아가 되어 다시 내려온다

어떤 날갯짓에는 울음이 없다

개나리와 황사가 함께 피어난 거리
붐비는 장례식장

차단된 빛 속 방전된 말들
기어 나와 어둠을 삼킨다

많은 생각이 머리칼처럼 자라는 시간
나도 나비의 꿈을 정해 놓았나

3부

소란과 사람

물고기가 된 아버지

서명 한번 잘못 한 죄로
해고당한 아버지는
물고기처럼
두 눈으로 말하다 죽어버렸다

모든 것이 다 멋대로다
서로의 가슴에 말로 생채기를 낸다

교활이 웃고 거짓이 춤추고
사기가 사기를 친다

누구도 말하지 않는다
상처 난 마음 서로 모른 채

썩은 생선에 몰려드는
저 파리 떼

최선의 안녕

스물다섯에 대학을 졸업한 여자가
마흔여섯 살에 이혼하고 아이 넷이나 있는
학원 선생에게 반해
기어코 결혼을 했다

스스로 택한 결혼 생활
누구도 원망하지 않은 채
언제나 자신의 역할을 해왔다
그러면서도 사람들 앞에 떳떳하게 나서지 못했다

이제 그녀 나이 오십
나비처럼 날고 싶어 이혼을 요구했지만
절대로 할 수 없다는 남자

세월이 계곡을 만들어
온 산을 휘감고 흐르고
물도 산도 건너지 못하는 여자를 보며
계곡 안으로 사라진 남자
산이 고꾸라진다

산을 삼킨 계곡이 빠르게 흐른다
여자가 접어둔 날개를 편다

8.15 전야제

팡파르가 울리자 요란한 박수소리에
유치원 아이들 흔들고 뒤틀며 광란의 춤으로 무대를 적신다

독립투사 할아버지 들끓기 시작한다
믿음이 비틀거리고 절망이 흐느끼다 시퍼렇게 변한다

총 다룰 줄도 모른 채 붙들려간 전쟁터에서
죽어가는 전우들 보며 마구 휘갈리던 총알

그렇듯 날아온 총알에 흔적 없이 사라진 다리를 붙들고
절규하던 열아홉 청춘이 떠오른다

세태를 탓하랴 세월을 탓하랴
이기적인 아버지와 허영심 많은 어머니 사이에서 태어난
아이들

영혼 없이 떠도는 허수아비처럼 흔들어댄다
육신만 흔들지 말고 영혼까지 흔들 수 없겠니

이러다 제주도까지 빼앗길까 두렵다

노모

80년 성을 쌓아 오는 동안 다섯 명의 도둑이 들었다
첫 번째 도둑은 뒷문으로 몰래 들어와
7년을 들락거리며 제 몸만 살찌웠다
화가 난 주인은 뒷문을 막아 버렸다
둘째 도둑은 벌건 대낮 문 열고 들어와
온 성을 휘젓고 다니며 귀중품을 다 가져갔다
그 사이 좀도둑도 들어와 야금야금 파먹고 달아났다
놀란 주인이 성을 다시 쌓고 문도 겹겹이 닫아버렸다
오십 년 만에 큰 태풍과 홍수 범람하던 날
성은 주저앉고 말았다
불쌍히 여긴 한 도둑, 살짝 들어와
제 집 물건 슬며시 놓고 갔다
그날도 물건 갖다 놓고 나가다 담벼락 무너지며
그 자리에서 숨을 거뒀다
물건 훔치러 왔다는 누명쓰고 억울하게 죽었다
노모는 입을 닫고 앓아야 했다

전당포

칠십 년도 더 된 낡은 건물
가파른 삼층 계단 올라가면
작은 철제 창문 앞에
늙은 주인이 앉아 있다

시집온 지 몇 년 안 된 새댁
남편 사업 망하자
전당포 들락대며 쓸 만한 물건 다 갖다 주고도
결혼 예물로 받은 손목시계를 풀어야 했다

숱한 사연과 울음이
켜켜이 쌓인 전당포

그늘진 물건들 이름표 달고
주인 기다리는데
찾아오는 이 조차 뜸해진 그곳에
일생을 저당 잡힌 채 늙어버린 주인이 있다

역 건물도 바뀌고 기적 소리도 바뀌었는데
옛 모습 그대로 낡아 버린 전당포

어딘가에 저당 잡힌 우리네 삶도
그렇게 허물어지고 있겠지

장마

   몇 시간 걸려 찾아간 홍원항 포구는 떠밀려온 쓰레기 껴안고 출렁였다 좌판 위 생선과 축축한 날씨가 비린내를 풍기며 발끝까지 밀려들었다 비 맞는 바다 보며 그들은 술을 마셨다 서로 권하기도 전에 잔을 비웠다

   이제 모두 잊어버리자
   3년 전 이 포구에서 처음 만났을 때 둘은 서로를 버려야 했다

   오랫동안 둘은 만나지 못했다 그녀는 포구에 정박된 폐선을 한참 바라보았다 그를 처음 만난 이곳에서 매듭을 조이고 싶었는데

   우산도 없이 포구 둑길을 걸으면서
   그는 말이 없었다 몸이 모두 젖어버렸고 그녀는 매듭을 쥔 채 그만 돌아가자는 그의 손을 뿌리치고 빠르게 빗속으로 사라졌다

   사라진 그녀가 어둠을 몰고 홍원항 포구에 있다 어떤 일도 일어날 수 있는 우기였다

이것은 꽃이 아니다

   게임만 하는 아이에게 정원에 나가 예쁜 꽃이라도 보라 했더니 그 보다 예쁜 꽃들 사이버 속에 많다며 계속 게임만 한다

   인간의 오감 만족시키는 사이버엔 온갖 것 날아다닌다 대형 수족관 헤엄치는 물고기들 만지려 해도 잡히지 않는다 물속에 잠겨 있는 집은 산소 공급으로 공해 없는 쾌적한 환경 제공되고 자동차들은 접었다 폈다 어디든 날아다닌다 식사는 알약 몇 개로 젊은이들은 서로에게 연결된 전류를 통해 성적 욕구를 채울 뿐 아이는 원하는 대로 수정관을 통해 탄생 한다

   만질 수 있는 건 실체가 아니다
   거북이는 산에서 뛰고
   토끼는 바다에서 헤엄치는
   마야* 같은 세상

* 마야 : 먼 세계

눈부신 용서

유난히 추웠던 그해 겨울
대학 졸업 후 취직 안 되는 막막함 속에
다그치며 휘두르는 아버지의 폭행을 당하던 아들
험한 손짓 피해 몸을 가누다
아버지가 세상을 떠났다

어머니가
대신 죄를 뒤집어쓴 채
벌을 받았고

20년 감옥 사는 동안
누구에게도 속내 들키지 않으려
스스로 만든 침묵에 갇혀 살았다

출소 날 어머니는
날카로운 얼음 칼로
아들을 찔렀다

언 땅에 쏟아지는 눈부신 햇살
늙고 초라해진

어머니 앞에 무릎 꿇은 아들

둘의 어깨 위로 아지랑이가 피었다

유랑

초록을 밀어 올리는 순간
바람의 마음은 통하는 걸까

시작이 문제였다
허튼 희망도 내게는 없다

목까지 차오른 권태
싫다는 말 못하고
끝내자는 말 못한 채
벼랑만 찾고 있었지

어쩌자고 날아가는 바람을 잡고 있는가
밤새워 쓴 편지를
수십 번 쓰레기통에 비우고

언제나 제 자리 맴도는 말
오늘부터 방향을 바꾼다

늦깎이

내려앉은 눈꺼풀 겨우 붙잡고
허벅지 꼬집어보지만
머지않아 다시 꾸벅

잠시 동안 훔쳐 자는 잠
감사함에 달콤해라

늦깎이 학생
선생보다 20년 더 늙고

졸다가 마주친 눈
선생은 짐짓 모른 척

휘발유

그랬는지 모른다
늦은 밤 취해 들어와 담배 사오라고 자는 아이 깨울 때
바람이 창을 때렸다
식당 문 닫고 들어와 늦게까지 집안 일 하는 아내
이유 없이 괴롭히며 술 사오라고 소리 지르다
제풀에 담긴 화를 퍼부으며 폭행하던 날
어린 아들은 맞고 있는 엄마 등 뒤로 벌벌 떨고
반항하던 딸아이는 허리를 못 쓰도록 맞았다
노름에 미쳐 돈 될 만한 것 몽땅 갖고 나가
며칠 만에 들어와 자고 있을 때
바람이 대문 밖을 나가고 있었지
허구한 날 친구들 데려와 술 마시고 비틀거리고 나가던 등 뒤로
사이렌 소리가 들렸다
3개월 된 늦둥이 밤낮 못 가리고 운다고
쓰레기통에 던져버리라 소리 칠 때
휘발유 한통 뿌리고 자살하고 싶었다

십 년 세월
딸아이는 가출하고 아들은 군대 가고

막둥이는 신발 한 번 신어보지 못한 채 하늘나라로 갔다

어느 날 그 사람 날아가 버렸다
그가 남긴 흔적은 아무것도 없다
미움 분노 설움 그리고 눈곱만큼 남아 있던 사랑조차도

신탄진

오늘도 신탄진 강물은 흐릅니다
옛날 당신이 계실 때처럼

불면의 밤
뜬 눈으로 새우고
강가에 나와 삶을 노래하던 당신

이승의 모든 것 손 놓으시고
차마 눈 감지 못하고 떠나시던 날
실신하며 오열하던 당신의 아내
반백의 머리 훗 날리며
강가에 섰습니다

강물이 흘러가는 굽이굽이
인생살이 묻어가듯

언젠가는 우리도
저 먼 바다로 흘러가겠지요

구름이 되어 만날지
강물이 되어 만날지
아님 바다가 되어 만날지

우리가 가는 끝이
당신이 계신 그 곳이기에
잠시 슬퍼 할 뿐
내일이면 또
당신을 잊을 채
열심히 살아갈 것입니다

신탄진 강가에서
인생을 이야기하다
가을 당신의 시에 취해서
돌아갑니다

신탄진 강물은 지금도 흘러가는데…

  * 故 이덕영 시인 시비 앞에서

4부

그래도 사랑

봄

연분홍 눈망울로
생글거리던

너
변했다

큰 꽃잎 아니라고
투정하며
잎 떨구던

변심이
아름다운 걸

오늘 처음 알았다

회상

강물에 버린 세월 어디쯤 흐르고 있을까
열아홉 번 항암치료에 생을 맡기고

그가 떠나도
홀로 남겨지는 건 하나도 없다

우리도 가자
훌훌 벗어버리고 바람처럼 떠나자
이제 우리도 가자

강물소리가 잦아지는 건 생의 손짓
뜸봉샘에서 금강 탁류까지
가깝고도 아득한 세월

그림자처럼 살아온 허상의 시간 다 버려두고
가자 기쁘게 떠나자

애초에 우린 없다
그림자고 안개다

흐르는 물이다
남아 있는 건 아무도 기억하지 못할 사랑뿐

눈물 클로버

절망 앞에서
나는 일어서리
불행 앞에서
나는 노래하리

희망아
꼭꼭 숨어라
행복아
멀리 날아라

네 잎 클로버 찾던 언덕에서
뼈로 새긴 참회의 눈물

한 잎 한 잎
마음속에 키워온
행복아

선운사 동백

입춘이 지나자 나뭇가지마다
꽃망울이 터지기 시작합니다

다시 만나자는 안부 전화를 끝으로
당신은 오랫동안 소식이 없습니다

아침이면 뜰팡 오가며 발돋움했고
저녁에는 어둠 삼킨 강물을 바라보았습니다

잊을 수가 없습니다
붉게 물든 당신의 뺨을

온몸에 화상을 입는 거라 하셨지요
이 봄 다 가기 전에 만나러 가겠어요
한 마리 동박새가 되어서라도

강물처럼

우울한 날에는 강으로 간다
강물처럼 흐르며 간다

바람조차 갈 길 몰라 서성대고
슬그머니 햇살 한 자락 스며들어
마음이 따듯해지기 시작하면
강물은 그저 따라오라고
앞서 흐르기만 한다

가진 것 다 털어버린
마른 나뭇가지에
잠시 머물다 떠난 텃새의 떨림으로
강물은 거듭 잔기침을 한다

괜찮다 괜찮다
나를 타이르는 나무들의 속삭임

돌아오는 길엔
속 다 비우고 안동 하회탈처럼
강물 위에 넉넉한 웃음 던진다

너

크면 클수록
보면 볼수록
더 많이 닮아가는 내 분신

내겐 아직 어린아이인데
어느덧 마흔
함께한 시간이 늘수록
함께할 시간이 줄어들 새라

나는 너를 가슴으로 보듬고
너는 내 손을 놓지 않는다

만나면 싸우기 바쁘다가도
헤어지면 서로 걱정하는

예쁘다 밉고
다시 그리워지는
또 하나의 나

가원학교*

언 땅 헤집고 나온 새싹도 푸른 숲이 되듯
생명은 경이로운 축복이자 희망이다

눈망울이 아름다운 살아 있는 천사들
감사하자
기뻐하자
사랑하자

사람 냄새 가득한 가원에서
미래를 만들고
생을 완성해보라

사랑은 무상으로 베푸는 신의 은총
그 축복 속에 태어난 우리
행복한 삶을 살아야 한다

행복이 숨어 있는
마음속 네잎 클로버를 찾아
희망의 날개 달고 날아보자

눈에 보이는 모습이 아닌
마음의 눈으로 세상을 바라보자

가원에서 피어난
아름다운 천사들아

* 대전 서구 계백로에 위치한 장애인학교

홍숙이

영동군 상촌면 하도대리에 가면
타샤의 정원 닮은 예쁜 텃밭 가꾸며 사는 홍숙이가 있다
올망졸망 예쁜 도자기에
하늘 닮은, 달빛 같은 바람소리에 들꽃 담아놓고
모차르트와 대화하고 슈베르트와 연애하며 그림처럼 산다

꽃잎 말려 차를 나누고 수제비 떠
오는 이 가슴 따뜻하게 데워주는 홍숙이
툇마루에 앉아 함지박 가득 사랑 담아놓고
수다 떨다 보면 달빛도 함께 웃어 준다

무섭게 바람 불고 눈 쌓인 밤
산다는 것 너무 쓸쓸해 밤 새 운다는 홍숙이
삶의 쉼표를 찍고 싶은 날 그녀 곁으로 달려가면
바람과 구름과 별들이 마당 가득 내려와 놀다간다

고성

멀리 보이는 설악산 능선은
하얀 눈을 뒤집어썼는데
냉이며 쑥 얼굴 내민 밭두렁
고택 앞마당엔 매화가 진다

어디서 어떻게 무엇을 하며 살았는지
알 수 없지만
지병을 가진 사람들이 모여
서로의 상처를 자랑하며 웃음꽃 피어나는 곳

어떻게 살아왔는지가 아닌
어떻게 치유하며 살까
얼굴을 맞대는 소중한 인연

자신 돌보지 않고 살아온 세월 탓하지 않고
서로를 위로하는 환자들의 휴식처

감사와 축복으로 산 능선의 흰 눈 녹이며
소망을 키워내는 터
고성의 아둘람*

  * 아둘람(은신처) : 다윗이 사울왕을 피해 숨어 있던 굴

숫

달콤하고 쌉쌀한 설렘
어느 날 뜻밖의 손님으로 찾아와
밤낮 없이 몸 흔드는 눈부신 계절

아무도 치유할 수 없는 불치병
고칠 수 있는 명의는 오직 한 사람

생각만 해도 가슴 저리고
멀리서 뒷모습만 보아도
심장 쿵쾅거리던 사람

상상의 날개를 펼수록
더 크게 다가와 밤을 지샌다

황홀한 유혹, 찬란한 꿈
깨어나니
찰나의 치기어린 순정

한 줌 햇살

졸고 있는 아침 햇살 깨워
어둠 속 눅눅한 생각
보송보송 말려놓았다

세상사는 일
서로의 가슴 어루만지며
빈 새벽을 열어놓는 것

구십 넘은 인생
헝클어진 기억의 방 열고
끝도 없는 실타래를 돌리며
주름살 위로 웃음햇살 뿌린다

"인생,
그거 참 아름다운 거야
꽃이었다가 열매였다가 낙엽이 되어
다 주고 떠나는 거지"

한 줌 햇살에 담긴 보리차 향이
요양원 거실 안을 따듯하게 데워주는 아침

5부

오래 오래 빛날 기억들

희년에 맞이하는 부활주일 아침

주님
희년에 맞이하는
부활주일 아침
감사한 마음으로
기도합니다

40여년의 목회생활
내 인생의 구원자이시고
내 삶의 방패가 되어주신 여호와 주 하나님
그 크고 신실하신 사랑
감사와 찬양을 드립니다

다윗이 하나님의 위대하심을 깨닫고
부족한 자신을 위해
하나님의 은혜를 간구하였듯이
갈망하는 저에게
늘 넘치는 사랑 주셨음을 고백합니다

환난과 근심 닥쳐와
어떻게 할 수 없었던 절망 속에서도

오로지 제가 할 수 있었던 것은
기도와 간구뿐이었음도 고백합니다

내 인생에 안내자이신 주님
당신 때문에 늘 감사한 삶을 살았고
날마다 기쁜 찬송이 되었습니다

이제 산성교회는 든든한 반석위에 세워졌고
오병이어 같은
주님의 역사가 이루어진
아름다운 제단이 되었습니다

산성 50년 감사와 드림으로
세계와 미래를 향해
새롭게 출발하는 희년의 시작입니다

간절한 마음으로 기도하는 설교가
생명과 사랑과 축복의 씨앗이 되어
희락과 화평과 전도의 큰 열매로
거듭나는 은혜

베풀어 주시옵소서

그리고 성도 여러분
사랑합니다
주님이 죽기까지 저를 사랑하셨던 것처럼
저도 여러분을 사랑합니다
주님 사랑 안에 영원히 우리가 하나이듯이…

* 대전산성교회 50년 한의택 목사님을 위하여

내 사랑 나전에게

내 몸 어딘가에
절망의 꽃잎 돋아나
고통의 밤 쌓이던 병실에서
죽음만을 생각하고 있을 때
당신을 처음 만났습니다

보석은 아니지만
영롱한 비취색에
황금과 에메랄드와 홍보석으로 빛나던
당신의 매력에 빠져
짝사랑 해온 지 삼십 년

사랑의 힘은 위대 했습니다
죽을 수밖에 없었던 목숨 다시 살아나고
세계 속에 당신을 알리는 나전공예가로
다시 태어났습니다

당신이 나의 사랑이었다면
조국은 나의 어머니였습니다
이국 땅 외로움 속에서

그리움 삭히며
한국의 얼 알려온 지 수십 년
당신은 이제 길정본과 함께
한국인의 자랑이 되었습니다

자랑스런 나전 박물관을 세우고
그 맥을 이어 후진들을 양성할 때까지
멈추지 않을 나의 사랑은
영롱한 당신의 빛처럼
오래 오래 빛날 것입니다

* 나전공예가 길정본 작품전시에서

아름다운 산

천상에 빛나는 사랑
지상으로 내리며
겸손과 베풂을 나누시는

학처럼 고고하고
목련처럼 우아한
기품 넘치는 자태
칠순을 넘긴 나이에도 눈부시다

받는 것에 서툴고
주는 것에 익숙한 삶이
후손들에게 이어져
복의 텃밭을 가꾸고

나긋한 음성 영롱한 눈빛
영혼의 맑은 소리
지칠 줄 모르는 열정은
화선지 위에 꿈을 그린다

작은 약속도 소중하게 가꾸며

호수처럼 넓은 가슴 열어 놓고
성모마리아 사랑 그대로 실천하는

사랑의 연금사
당신 손길 닿는 곳마다
희망이 자라고

끝나지 않는 당신 사랑
선병원에 뿌리 내리며
먼 바다로 흘러 갈 것입니다

* 선병원 이사 김인 님의 칠순을 축하드리며

향기로운 꽃이어라

은발에 얹혀진 세월이
오늘 눈부신 아침을 맞는다
청자 빛 하늘 닮은 우직한 집념
지칠 줄 모르는 열정이 붓끝에서 빛나
자연의 아름다움 그려내는
당신의 그림은
가슴 뛰는 당신의 삶이다

고희가 넘은 나이 소녀처럼 해맑은 웃음 날리며
정직하게 그림만 그렸다

강물이 흐르고
길이 걸어가며
산천이 옷 갈아입고
온갖 꽃들의 웃음이 묻어나는
당신의 캠퍼스

성경 육십 육권이 화선 위에
붓끝으로 다시 살아나는 기쁨은
잘 익은 포도처럼
향기로운 땀의 결정체다

당신은 시냇가에 심겨진 나무
철을 따라 열매를 맺고
그 잎새 마르지 않으리니
당신이 하는 모든 일이 다 형통하리로다

 * 김해선 화백 개인전을 축하드리며

돌아본 세월

독수리 닮은 기상
천마로 달리고
거친 광야를 오아시스로 만들며
촛불 같은 인생을 살았다

때로는 옆치기 한방으로
무릎 꿇게 하고
지혜로운 말로 세상을 바꾸기도 했다

가난했던 설움 한으로 남아
맨발로 뛰며 살아온
기적 같은 삶의 터전이
풍요의 안식처가 되었지만

하얀 서리 머리에 인
산수傘壽에 돌아보니
그래도 덧없이 살아온 세월의
회한만 쌓인다는
오광을 쥔 남자 오광진

당신의 일생은
지혜로 일궈 놓은 기적이었고
땀과 노력의 결정체였으며
아무도 할 수 없는 인내의 삶이었습니다

이제 인생의 황혼은
세상 번뇌 회한 다 털어내시고
당신이 꿈꿔 오던 삶을
묵향에 취해 보내 십시오

하나님의 사랑이
늘 함께 했음을 감사하면서

* 오광진 운영위원장 산수(傘壽)를 축하하면서

비상하라 날개여

웅지의 큰 뜻 품고
비상하는 날개

한국 최고의 지성으로
박사 반열에 오르시고

제일 약품, 제일 산업의 대표로
큰 뜻 펼치셨고

학처럼 고고한 선비로
대전 대학의 위상을 세웠으며
한 · 중 · 일 민간 사절단으로
민간 외교의 꽃을 활짝 피워 온
나누고 어우르는 손길
이보다 더 높은 이 있는가

국민 훈장 석류장을 비롯
수 십 개의 상을 받기까지
오직 사랑과 나눔을 실천해 오신
아름답고 위대한 당신의 생애

겸손과 미덕은 많은 이들이
스스로 추앙하여 모여들고
지칠 줄 모르는 열정은
팔순의 나이에도
청년처럼 풋풋하다

이제 그 날개 더 높이 나르시어
천수를 누리는 그날 까지
큰 뜻 이루시어라
큰 뜻 이루시어라

* 전 대전대학교 총장 현 한중일 해외교류협회 회장 오웅준

광야를 달려라

광야를 달리는 힘찬 바람이었다가
아지랑이처럼 촉촉이 적셔주는
봄비였다가
석양에 지는 주홍빛 노을이 되어
우리 곁에 왔습니다

풍류와 서예로 다듬은 올곧은 성품
술잔 가득 흘러내려
속 깊은 정 나누어 주는
선비요 예술가요 정치가이며
언론가이신 남계

아픔과 고통 안으로 삭혀
묵향 그윽한 서실 빛으로 채우시고
동심의 눈빛
웃음으로 날리며
모든 것을 품고 아우르는
넓고 따뜻한 가슴

맑고 투명한 영혼의 울림
먹빛으로 승화시켜
당신향한 모든 이에 마음속에
사랑으로 남아
천년의 세월을 누리시옵소서

* 조종국 화백 출판 기념회

수묵화 같은 여자

어느 곳에 있든
조용한 눈빛으로
제자리 지키는
사임당 닮은 모습

결 고운 성품
정갈한 마음
서예와 문인화로 다듬은
수묵화 같은 여자

청자 항아리처럼
그윽한 분위기에 담기는
나긋하고 정겨운 목소리

내가 아닌 너를 위해
은빛사랑 건네주는
비단결 같은 마음

한 올 흐트러짐 없는
깊은 속사랑으로

지아비 하늘처럼 섬기고
가정의 행복 만들며
추사체의 멋진 글 위에
열정을 쏟아 놓는
손 . 소 . 자

 * 손소자 개인전 축시

색소폰 닮은 남자

봄날 아지랑이처럼 부드러운 사람
그에게 가면
질퍽한 정이 묻어 나오고
사람 사는 내음새가 난다

스스로 불태워 소리가 되고 싶은 남자
색소폰 크라리넷 음률 속에
사랑과 유머와 낭만이 넘쳐 흐르고
농익은 포도주의 열정이 담긴다

때론 움켜질 줄도 알지만
멋지게 버릴 줄 아는 간이 큰 남자
모험과 장난기가 넘치는 악동
어떻게 사는 삶이 아름다운가
배우고 싶으면 그를 만나자

나이가 안 보이고 세월이 비껴가는
늘 푸른 대숲 같은 사나이

스스로 제비라고 부르는 그를 우리는 사랑한다

오래 오래 그 사랑 나누며
따뜻한 정 나누고 싶다

* 전 낭만파클럽 조성욱 회장

원자력 연구소

원자력연구소 가면
은발이 잘 어울리는 맑은 영혼에
따뜻한 가슴을 지닌
과학자 장인순 소장이 있습니다
그는 우주를 품고도 남는 넉넉한 상상력으로
과학과 예술과 신학을
절묘한 조화로 인수분해 하여
생활 속의 예술로 승화시켜 들려줍니다

작은 눈으로 세상을 볼 수 있는 것
머리가 아닌 가슴으로
과학을 느낄 때
천만년 전에 태양 중심에서 생긴 빛을
지금 우리가 받고 산다는 것에
신비와 경의로 눈뜨면 감사할 수 있고
공간과 시간이 존재하는
이 우주의 진실을 알 수 있습니다

싱그러운 3월의 아침
눈부신 빛으로 우리 앞에 오신 당신은

또 하나의 생명을 잉태 지키며
새로운 에너지를 만드셨고

영원히 지배할 수 없는
잔인한 독재자 시간을 최대한으로
활용하고 갈 수 있는
힘과 용기를 주셨습니다

빛으로 번져가는 당신의 미래는
신이 함께하는 커다란 은하수가 되어
지구를 밝히는 위대한 별이 될 것입니다

임이여 이렇게 가셨습니까

병든 자의 아버지가 되어
이 땅의 많은 생명
당신 의술로 구원하시고

지칠 줄 모르는 탐구열
새벽 미명까지 밝히시며
미생물 공학의 미래를 준비하셨고

곧은 선비의 지조 붓 끝에 담아
화선지위에 쏟아놓던
그 열정 아직도 눈앞에 선하신데
이렇듯 서둘러 떠나시다니…

당신의 고운 아내와
훌륭하게 장성한 다섯아들이
아직도 당신의 사랑을 갈망하는데

이제 당신은
하나님 곁으로 가셨지만
이 땅에 세우신 당신의 업적은
영원히 꺼지지 않는 횃불이 되어
생명의 강한 심장으로 타오를 것입니다

경상북도 김천에서 태어나
의술의 불모지였던 대전에 오셔서
청춘의 뜨거운 피와 땀으로
자신의 모든 것 다 바쳐 세우신 선병원은
바로 한사람이 빛과 소금의 역할로 만들어진
사랑의 결정체이며
대전의 자랑입니다

당신이 못다 한 의술
후손들이 이어받아
더 많은 사랑과 헌신 나누어주리니
님이여!
지상에서 못다 받으신 영광
주님 품 안에서 다 받으시고
이제 고이 눈 감으시옵소서
다시 만나는 날까지 평화를 누리옵소서
평화를 누리시옵소서

* 故 선호영 박사(선병원 설립자) 추모시

당신은 우리의 사랑

유난히 춥던 겨울이 가고
다시 봄이 왔는데
영원히 봄을 맞이하지 못하는
당신의 겨울은 어둠에 묻혀있습니다

사랑보다 더 소중한 것은 없다며
우리들 가슴속에
사랑 심어놓고 떠나신 당신의 빈 자리가
깊은 바다처럼 갈아 앉아 있습니다
사랑의 불씨는 아직도 남아 있는데
어찌 이리 등이 시리고
가슴이 아픈지 모르겠습니다

인간존중에서 생명존중으로
섬김과 나눔의 실천으로
어둠을 밝히는 빛이 되어주셨던 당신
온 열정을 다해 가꾸어온 휴먼을 두고
어찌 그리 황망히 가셨습니까
이제 무엇이 되어 다시 우리 곁에 오시렵니까

오늘 우리는 다시 만났습니다
주머니 가득 들어있는
욕망과 욕심, 시기와 질투, 분쟁과 다툼 다 내려놓고
당신의 사랑만 담아가려 모였습니다

늘 낮은 곳을 향했던 당신의 눈빛
말은 아끼며 사랑만 건네주시던 손길
당신이 심어준 사랑과 봉사 성실과 근면 열정과 인내로
다시 채워가겠습니다

당신 사랑의 시작과 끝 이였던 휴먼
이제 우리는
얼어붙은 마음 서로 녹이며 보듬어 안고
휴먼의 미래를 키워가겠습니다

부디 당신이 계신 그곳에서 다시 만나는 날까지
평안한 안식으로 영면 하시옵소서

* 국제휴먼클럽 故 이정운 총재 추모시

연파선생 탄신 백주년에

연파!
당신의 붓 끝에서 뻗어가는
높고 넓고 장엄한 신의 음악

한 점, 한 획, 한 삐침, 한 파임이
하늘과 땅의 노래며 몸짓이다

봉황이 춤 추듯
용이 뛰어 오르듯
당신의 손끝에서 붓이 날아오른다

추사선생이 다시 살아 온 듯
한 평생 책과 필묵 함께하시고
대나무처럼 올곧은 성품에
청렴검소하며
학처럼 고고한 그는
한학자이고 추사체의 대부이셨다

겸유덕근무난의 가훈과
계자수잠은 전승가훈집에 선정되고
자숙제자, 재전제자는 또 얼마이던가!

당신이 일궈놓은
격조 높은 추사 예술!
"문자향 서권기"
그 맥은 천년만년 이어가리니

이제 큰 뜻 고이 접고 오르시어라
하늘로 오르시어라

* 연파 최정수 선생 탄신 100주면 기념시

빛나는 당신의 생애

희망조차 없었던 암울한 시절
가난조차 등 돌린 절망 앞에서
확고한 신념과 의지 하나로
낯선 일본에 건너가
모진 멸시 천대 받으면서
일구어온 당신의 빛나는 삶을 보아라

버려진 돌멩이처럼
눈길조차 주지 않았던 자아의 텃밭에서
빛나는 보석 캐어 눈부신 빛으로 승화시킨
당신의 아름다운 인생을 보아라

굳게 닫혔던 마음 문 열어
조국의 경제 발전과 동포 사랑에 앞장서
대전을 교통 중심지로 우뚝 서게 하고
기업이윤 다시 사회로 환원시켜
새로운 천년의 미래를 만들어가는
누구도 흉내 낼 수 없는
빛나는 당신의 인생

역사는 말하리라
당신 삶은 신이 주신 행운이 아니라
스스로 만든 위대한 작품이었노라고

고 이구열 박사님
이제 새로 시작되는
대전복합터미널과 함께
천년의 삶을 누리옵소서
천년의 삶을 누리옵소서

* 故 이구열 박사(복합터미널 창업자) 추모시

임이 가시던 날

임이여!
이제 당신은 가셨습니다

약한 자의 어머니
외로운 노인들의 딸과 친구로
일생을 살아온 섬김의 삶

노인 복지의 불모지에
아가페 사랑 심어놓고
이십대의 젊고 앳된 여인의 사랑은
눈물과 땀과 인고의 세월이었습니다

전쟁의 폐허 속에 버려진 이웃과
굶주림에 신음하는 노인들을 위해
한 그릇의 따뜻한 마음을 대접해 드리며
다 헤어진 옷 밤새 기워
거리 노인들에게 입히던 살아있는 천사

탁상공론에 열중하던 위정자들에게
혈서로 절규하던 한 여인의 헌신적인
사랑이 없었다면 오늘의 성애원도 없었을 것입니다

이제
당신은 누구보다도 사랑한
하나님 곁으로 돌아가셨지만

당신이 뿌린 눈물의 기도
당신이 쌓아올린 사랑의 탑
당신이 구원한 영혼들의 사랑이
영원히 꺼지지 않은 횃불이 되어
타오를 것입니다

이서자 님
당신이 살고 간
팔십 평생은
감히 누구도 흉내 낼 수 없는
아름다운 삶이었습니다
정말로 사랑을 실천한
아름다운 삶이었습니다

* 성애양로원 故이서자 원장 추모시

행복을 찾는 사람들에게

힘들고 지칠 때 그곳에 가면 사람이 있다
마음의 폭풍 잠재워 주고
넉넉한 미소로 상처 어루만지며
가을 햇살처럼 행복이 모여 있는 곳

마주앉아 나누는 이야기 속에
희망이 있고
상처입고 지쳐있는 이웃 찾아가
따뜻한 손 건네는 모습이
어린아이처럼 순수하다

삭막하고 메마른 현실
돌아갈 곳마저 아득하도록 가슴 시릴 때
보듬어 안은 당신의 두 팔이 너무나 자랑스럽다

상처 난 영혼들이여 오라
이제 새로운 것으로 다시 채우자

욕망과 탐욕 거짓과 분노 가난으로 채워진
헛된 것들 다 버리고
사랑과 봉사 기쁨과 감사로 다시 채우자

사랑을 기다리고
희망을 기다리고
감사를 기다리는 당신을 위해
휴먼은 탄생했다
그곳에 가면 가슴열고 기다리는 백은기 총재가 있고
가슴 뜨거운 사람들의 사랑이 있다

행복을 찾는 이들이여 오라
휴먼으로 오라

* 국제휴먼클럽 축시

충우여 아름다운 사랑이여

척박한 암벽 사이
작은 풀꽃 피어나듯
가난하고 힘든 생활 속에
당신은 우정의 꽃나무를 심었습니다

어려운 이웃들에게 희망과 기쁨을 나누며
서로의 아픔 보듬어 가며
올 곧은 마음 하나 심었습니다
사랑이 심어진 마음 밭엔
기쁨과 희망과 용기의 나무들이 자라
안식과 평화의 그늘이 만들어졌습니다

때론 배신과 이별의 아픔도 있었고
좌절의 시간들도 있었지만
슬프고 부끄러운 일은 아니었습니다

사랑은 나 아닌 누군가를 위해
기꺼이 생명의 심지를 태우는 일
그리고 진실한 마음을 나누어 갖는 것

아직 못다한 사랑이 있으면
지금 곧 하십시오
아직도 갖고 있는 불안과 불만이 있다면
지금 곧 잊어 버리십시오
사랑만 하며 살아가기에도
인생은 너무 짧습니다

삼백 세 번 째 맞는 충우의 날
열심히 살아 온 당신의 가슴에
사랑의 훈장을 달아 드리겠습니다

충우여 아름다운 사랑이여

* 충우회 축시

빛으로 채우소서

오늘
20살, 생일 맞은 당신
백합꽃보다 더 아름답습니다

이른 새벽, 깊은 밤
전화선을 타고 들려오는 구원요청
때론 친구처럼
때론 부모처럼
같이 아파하며 사랑 나누다가도
무엇인가 잘못되어
힘없이 수화기를 내려놓을 때
보람보다 먼저 오는 절망과 좌절감

생명은 주님만의 것
많은 사람가운데 당신을 택하사
주님의 일 하게하신 큰 뜻
수많은 영혼 은혜로 구하시고
빛 가운데 살라고 가르치시는
놀라운 주님의 사랑
생명의 면류관으로 받으시고

꺼져가는 어두운 세상
빛으로 채워주소서

생명의 전화
그 믿음의 푯대위에
오직 믿음과 사랑 하나 걸어 놓고
주님의 성품 닮아가게 하소서

* 생명의 전화 20주년 축시

희망의 바람이어라

어둡고 칙칙한 겨울 들판을
가로질러와
봄을 알리는 바람 속에
스물다섯 생일을 맞은 당신

꽃이 아름답기로서니
당신 마음만 못하고
많은 사랑이 있다 해도
헌신적인 당신 사랑만큼이야
하겠습니까?

당신 사랑은 희망이었습니다
어미조차 포기한 가엾은 생명에
희망과 미래를 열어주고
자신의 힘든 삶은 잊은 채
조건 없이 베푸는 따스한 손길

때로는 절망이고 아픔이며
앞이 안 보이는 수렁 같은 삶이지만
그 속에 길이 있고 희망이 있고
미래가 있다는 것을 몸소 실천하며

사랑의 수호천사가
기꺼이 되어주신 당신

희생이 아니고는 할 수 없고
사랑이 아니고는
이루어질 수 없었던 기적이
아침뜰을 환한 빛으로 채우셨습니다

아직 당신의 갈 길은 멀고
끝이 안 보인다 해도
헌신과 사랑이라는 두 글자만 바라보시고

풍성한 여름과
열매 맺는 가을을 향해
바람처럼 달려가십시오

당신은
홀트아동복지를 알리는
희망의 바람입니다

* 홀트 아동복지 축시

복지인이여 희망을 갖자

눈부시도록 해맑은 9월 하늘 아래
깃발을 흔들자
어려운 이웃 소외된 이웃을 위해
몸과 마음을 다 바쳐 헌신하는
우리들 사랑의 깃발
희망의 깃발을 흔들자

거짓과 반목과 불신으로
머리만 있고 가슴이 없는
가난한 정치인들이여
당신들처럼 거창한 명분 없어도
우리의 삶은 성실하고 당당하다

척박한 암벽 사이에서
작은 풀꽃이 피듯이
가난하고 힘든 생활 속에서
우리는 희망의 꽃을 피워왔다

버림 받은 사람
병든 시대까지 감싸 안고

아무도 칭찬해 주는 사람 없어도
하늘을 우러러 한 점 부끄럼 없기를 빌며
때로는 희망과 기쁨을
때로는 절망과 슬픔조차 껴안아 보듬으며
우리는 힘차게 달려 왔다

아직도 우리의 갈 길은 멀고
무지개처럼 찬란한 희망도
손을 뻗으면 사라져버리는 신기루처럼
아득 하지만
우리에겐 도전하고 바꿔야 할
미래가 있다

남을 이해해야 나를 알고
나를 알아야 당당하고 아름다운
노래를 부를 수 있듯이
복지를 이해하려면
진정한 복지인이 되어야 한다

타성에 젖은 우리의 삶

과거주의 패배주의 허무주의에서 벗어나
희망과 꿈을 향해
우리의 삶의 방향을 바꾸는
사랑스러운 복지인이 되자

* 사회복지의 날 축시

달려라 우리의 백마여!

지평에 서면
한 마리 백마가 달린다
해 뜨는 쪽
빛의 나라를 향해
깃발보다 더 푸른 깃털을 날리며

돌아보면
어두운 미개의 땅에 삽을 꽂고
국민의 눈과 귀와 발이 되어
중원의 넓은 고지를 누비며
보람찬 땀 흘리던 시절

칼의 힘보다
더 강했던 당신의 힘은
부정과 부패근절에 앞장섰고
지역 발전과
지방 문화 사업에
꿈과 희망을 안겨 주었지

헐벗고 가난했던

우리의 대변자가 되어
풍요를 나누어 주었고
군사 독재 무력 앞에선
우리의 방패가 되어
상처받은 육신을 이끌고
우리를 지켜주었던
배달의 기사

유신 정권
1道 1社 시책이라는 미명아래
어둔 지하에 묻혀있다
15년 만에 다시 찾은 자유

그러나 기쁨은 잠시뿐
앞을 내다보는 선각자였던 당신도
거센 IMF 바람 앞에
위상도 잃은 채 쓰러졌고

가난 때문에
사명보다 더 질긴 목숨 위해

50년 정들었다 떠난 사람 그리며
숨 죽여 울던 고통의 시간
누가 있어
이 가난 이 슬픔 씻어주고
새롭게 비상할 힘을 줄 것인가

중도여!
백마여!
이제 다시 비상하여라
그리고 그대의 꿈 다시 활짝 펴서
빛의 나라로
희망의 나라로
믿음과 신념을 갖고
힘차게 뛰어 올라라

50년 나이테마다 고여 있는
피와 눈물과 땀의 결정을 안고서

* 중도일보 50주년 기념 축시

| 작품 해설 |

사랑을 통한 생의 확대와 심화

김완하 시인. 한남대학교 교수

　노금선 시인은 그 누가 보아도 사랑의 시인이라고 말할 수밖에 없다. 그는 2000년대 초반의 한남대학교 문예창작학과 학부 과정에서부터 박사학위를 받기까지 필자와 인연을 쌓고 있다. 그 과정에서 시인이 보여준 것은 실로 놀라운 사랑의 정신이라고 밖에는 표현할 수가 없기 때문이다. 이 세상 어디에 사랑에 기초하지 않은 시인이 있을까. 그러나 노금선 시인은 첫 시집부터 줄곧 사랑을 노래해온 것뿐만 아니라, 그는 또 사랑을 온몸으로 실천하며 살아온 시인이기 때문이다. 그러므로 그가 보여준 시와 삶의 조화로운 모습으로 그는 이 세상에서도 가장 아름다운 시인이라고 말하지 않을 수 없다.
　우리가 시정신이라고 이를 때 그것은 곧 사랑이라 바꾸어 말해도 무방하다. 노금선 시인은 사랑에서 한 치도 비껴나지 않았으며 잠시라도 그것을 잊지 않고 있다. 그가 시를 쓰면서 동시에 시를 낭송하고, 시극으로 펼쳐온 다양한 활동도 그것은 모두 시와 삶을 사랑하는 행위에 다름 아닌 것이다.

노금선 시인이 이번에 펴내는 제3 시집에 이르기까지 그의 시세계는 점차 사랑으로 심화 확대되어 온 것이다. 그것은 시인이 사랑을 통해 자기 삶을 확장시켜온 결과이다. 그렇다면 무엇이 이토록 그의 사랑을 심화시켜온 것일까. 제3시집을 통해 그동안 전개되어온 시인의 시세계와 그 흐름을 짚어보고자 한다.

1

그의 첫 시집 『꽃 멀미』는 '존재의 완성에 이르는 길'로서의 사랑을 펼치고 있다. 그의 첫 시집에 나타나는 시세계는 네 부분의 영역으로 구분해 볼 수 있다. 첫째는 봄날, 4월, 봄비, 새순, 나무 등으로 표출되는 생명의 시학으로 펼쳐진다. 다음으로는 빛, 꽃, 나비, 별, 목련, 바다로 형상화되는 사랑의 시학이 그것이다. 또한 차, 다도, 차향, 득음, 달빛 등으로 나타나는 여유의 시학이 예사롭지 않다. 그리고 넷째는 가을, 기도, 요양원, 행복, 그대 등으로 승화되는 구원의 시학이 눈길을 끈다. 이를 통틀어서 노금선 시인은 사랑의 시인이자 생명의 시인이라 말할 수 있는 것이다. 그만큼 노금선은 오늘날 필요한 시정신의 중심에 서있다. 이 난만한 시대에 그의 시가 우리에게 더 필요한 까닭이 바로 여기에 있다.

첫 시집은 그가 시를 쓰기 시작하여 등단한 후 써온 시를 모은 것이다. 꽃 멀미란 봄을 의미하는 것이고, 봄이란 온갖 꽃이 피면서 사랑의 절정을 구가하는 때이다. 표제작인 「꽃 멀미」를 읽어보는 것이 첫 시집의 시세계를 이해하는 지름길이 될 것이다.

> 짧은 환상의 빛으로
> 황급히 떠나가는 저 영혼! 다가와
>
> 찰나의 청춘
> 서럽도록 아름다운
> 청춘이 있었다
>
> 안개인 듯
> 구름인 듯
> 환생인 듯 피고 지는 꽃차례에
> 내 마음 늘 울렁이고
>
> 그대 꽃 입술 바라보면
> 어느새 말갛게 씻겨 내리는
> 마음결이 보인다
>
> 사랑하는 이여,
> 천만년 살기보다
> 한 순간을 살아도
> 황홀하게 피었다 가고 싶구나!
>
> 꽃 다 진 등걸에 걸터앉아
> 아직도 나는
> 꽃 멀미에 취해 운다
> ─「꽃 멀미」 전문

이 시에는 노금선의 사랑이 절절하게 넘치고 있다. 화자는 봄을 지난 시간에 대한 아쉬움으로 접근하고 있다. 그런 점에서 시인에게 지나간 봄은 아쉬움이자 되돌릴 수 없는 안타까움의 순간들로 다가온다. 시인은 봄의 시간을 순간으로 인식한다. 이 시에는 "짧은 환상의 빛으로 / 황급히 떠나가는 저 영혼!", "찰나의 청춘", "한 순간을 살아도"에서 드러나고 있다. 그래서 시인은 끝내 "꽃 다 진 등걸에 걸터앉아 / 아직도 나는 / 꽃 멀미에 취해 운다"고 했다. 봄은 상실의 계절이기도 하지만 지난 시간을 떠올리며 추억에 꽂히는 때이기도 하다.

　봄은 "안개인 듯 / 구름인 듯 / 환생인 듯 피고 지는 꽃차례에 / 내 마음 늘 울렁이"는 것이다. 꽃이 피는 순간의 황홀이나 격정보다는 안타까움에 몸부림치고 있다. 그 결과 시인에게 이 시의 주제는 "사랑하는 이여, / 천만년 살기보다 / 한 순간을 살아도 / 황홀하게 피었다 가고 싶구나!"처럼 격정적으로 나타나고 있다. 그러고 보면 노금선의 '꽃 멀미'는 다분히 과거지향적인 정서와 포오즈를 취하는 것이다. 그에게 오늘은 지난 시간의 아쉬움으로 가득 차 있다. 그리고 남은 시간은 사랑의 상실로 다가온다. 그래서 그에게 봄은 늘 꽃 멀미가 도는 것이다. 노금선의 봄은 지난 시간의 아쉬움과 사랑의 상실, 그것을 추억하는 시간이기 때문이다.

　그래서 노금선 시인은 늘 아쉬운 대상에 대하여 간절한 마음을 전하고자 애태우고 있다.

　　목련꽃 그늘 아래서

베르테르의 편지 읽지 말고
사랑하는 이에게 편지를 쓰자

추운 겨울 마주보며
언 손 포개 올려
오직 기다림으로 키워온 순백의 순정

남쪽 동백꽃 소식 들릴 때부터
노상 담 너머 기웃거리더니
마당을 돌아 산등성까지 뛰어가며
감싸 안았던 가슴 활짝 열었다

그대여
목련꽃 그늘 아래서
사랑을 나누자
입술과 입술
가슴과 가슴 포개 놓고
우리도 목련처럼 올가슴을 갖자
하르르 하르르
꽃잎 떨어지는 소리 들으며
봄의 올가슴에 취해 보내자

사람이 꽃보다 아름다운 건 색깔이 아니라
가슴속에 피어나는 사랑 때문이다
　　　　　―「목련 꽃 그늘 아래서」 전문

　이 시에서 알 수 있듯이, 괴테의 서간체 소설 『젊은 베르테르의 슬픔』에 나오는 과정을 생각한다. 베르테르는 롯데에게 사랑을 느끼고 사랑의 간절함을 알리는 편지를 쓰곤 했다.

베르테르는 롯데가 다른 사람과 결혼을 하자 그 슬픔을 참지 못하고 권총으로 자살을 감행하고 만다. 시인은 베르테르의 편지를 읽지 말고 "사랑하는 이에게 편지를 쓰자"고 한다. 슬픔의 반추에 머물지 말고 능동적으로 다가서고자 하는 것이다. 나아가 더 적극적으로는 "그대여 / 목련꽃 그늘 아래서 / 사랑을 나누자 / 입술과 입술 / 가슴과 가슴 포개 놓고 / 우리도 목련처럼 올가즘을 갖자"고 했다. 그러나 시인의 외침은 적극적인 행동으로 나아갈 수 없는 단순한 마음의 단계에 머물고 마는 것이다.

   시의 마지막 부분에서는 사람이 꽃보다 더 아름다운데 그 이유로 그것이 "가슴속에 피어나는 사랑 때문이다"라는 것이다. 그점에서 노금선의 '꽃 멀미'는 지난 시간에 대한 아쉬움과 안타까움을 바탕으로 하고 있다. 그에게 봄은 절실한 사랑을 상실한 계절인 것이다.

      이름 부르면
      새롭게 돋아나는
      새순 같은 사람

      채워도 금세
      빈 항아리처럼
      사랑이라는
      이름 하나
      내 안에 번져 가는데

      열병으로 뜨겁게

달아오르는

　　차 한 잔에
　　음악 흘러 놓고
　　어쩌지 못하는
　　긴 밤 흐르고
　　　　　　　　　　—「새순」 전문

　이 시에서 '새순'은 자연의 이미지를 넘어 사랑의 객관적 상관물로 부상한다. 이렇듯이 '새순'이 피어나는 것으로도 시인은 생의 절절한 순간을 비유하여 나타내고 있다. 그래서 '새순'이 돋는 것도 "사랑이라는 / 이름 하나 / 내 안에 번져 가는" 것이다. 대상과 동일성을 추구하는 노금선의 시학은 서정시의 전형적인 모습으로 일관하고 있다. 자아와 세계의 동일성을 추구해가는 과정으로서의 시적 행보. 그것은 바로 노금선이 지금까지 걸어온 시의 길이면서 이후로도 줄기차게 나아갈 길이기도 한 것이다.

　노금선의 첫 시집 『꽃 멀미』에서 읽을 수 있는 사랑은 지난 시간의 아쉬움을 간직하고 있는 사랑이다. 그것은 지나버린 시간의 안타까움을 바탕으로 깨닫게 되는 사랑을 통한 성숙을 의미한다. 그래서 시인은 이제 "사랑한다는 것 / 가슴 벅차도록 삶을 아름답게 / 가꾸어 준다는 것을 이제 알 듯하다"고 했다. 이렇듯이 노금선에게는 사랑이야말로 삶의 순간을 강하게 움직여가는 생의 에너지인 것이다.

2

노금선은 제2시집 『그대 얼굴이 봄을 닮아서』는 형식과 내용에서 상당한 변화를 보여준다. 그의 2시집은 형식적으로 산문시로 구성되어 있기 때문이다. 또한 시세계가 좀더 구체성을 드러내고 있다. 그래서 그것은 사랑의 진정한 실천으로 가능했던 것이라고 판단한다. 이제 그의 시는 '사랑의 힘으로 나를 기록'하는 것이다. 그러므로 그에게 사랑은 절대로 관념이 아니었다. 그의 사랑은 절대적인 삶의 숨결이다. 이제 그의 사랑은 섬세함 속에서 이 세상을 품어 안는 생의 의지로 열리고 있다.

노금선은 2시집에서 사랑의 구체성을 향한 형상화에 주력하고 있다. 구체적인 이미지를 통해서 사랑의 의미를 내보이려고 노력한다.

> 내 사랑은 꽃이 되고 숲이 되고 낙엽이 되고 눈이 됩니다.
> 하얀 솜털구름이었다가 금세 먹장구름이 되기도 하고
> 햇빛 눈부신 날 천둥 번개를 동반한 소나기가 내리는가 하면
> 달빛 출렁이는 은빛 강물이 되기도 하고
> 질퍽한 갯벌이 되기도 합니다.
> 내 사랑은 바람입니다. 흘러가는 강물입니다.
> 사랑은 영롱한 진주로 반짝이다가
> 폴폴 먼지 날리는 잿더미가 되기도 합니다.
> 사랑은 마음 허공에 걸어 놓은 등불 하나
> 사랑은 파도처럼 쉼 없이 밀려와 잠든 바위의 영혼을 깨우는 파도입니다.

사랑은 그렇게 스스로 바꾸면서 오늘도 내 안에서 찬란한 무지개로 피어납니다.
　　　　　―「사랑의 능력」 전문

이 시에서 알 수 있듯이 사랑의 능력은 만물의 변화를 이끌어오고 자연의 변화를 추동하는 동력으로 작용한다. 시인에게 변화무쌍한 자연의 모습 속에는 살아 숨 쉬며 숨어 있는 원리로 사랑이 작용하고 있다. 그것은 이 시의 마지막 구절 "사랑은 그렇게 스스로 바꾸면서 오늘도 내 안에서 찬란한 무지개로 피어납니다."에 모든 것을 함축하고 있는 것이다.

　사랑은 모든 치유의근본이지요. 신앙의 뿌리가 사랑이듯 그칠 줄 모르고 샘솟는 묘약입니다. 남녀의 사랑이란 변할 수밖에 없는 이치이지만 삶의 끝자락에서 영혼의 결로 만난 우리는 죽어도 변함없으리란 확신을 가져봅니다.

　사랑은 모든 것을 승화시키고 정화시켜 흐릅니다. 흐르는 사랑은 언제나 새로이 내 곁을 맴돌겠지요. 우리 마음 골짜기마다 환한 등불 걸어 놓고 시를 이야기하며 먼 바다까지 흐르고 싶습니다. 영혼이 맑은 사람들이 느낄 수 있는 행복이 바로 그런 것 아닐까요. 당신 곁에 앉아 있으면 온 몸의 세포 하나하나가 살아나는 소리를 듣습니다. 세포가 살아나면서 혈관 속 흐르는 혈류가 빨라지고 심장의 고동소리가 커지며 무엇인가 뜨거운 기운이 온 몸을 휘감고 돌아 나가는 것을 느끼게 됩니다. 당신의 아름다운 사랑이 오늘도 꽃처럼 피어나는 아침입니다.
　　　　　―「아침이 온다」 전문

이 시에는 사랑의 속성에 대하여 전반적인 의미를 펼쳐 보이고 있다. 아침이 오는 것이야말로 모든 것의 총체적인 조화이고 화합이라 할 수 있다. 사랑의 모습 또한 그러한 것이다. "사랑은 모든 치유의 근본이"다. 또한 "사랑은 모든 것을 승화시키고 정화시켜 흐"르면서 "오늘도 꽃처럼 피어나는 아침"을 여는 것이다. 아침이 오는 것은 또 다른 혼돈의 시작을 알리는 지표이기도 하지만, 새로운 과정을 활기차게 펼쳐갈 수 있게 하는 열림으로 작용하는 사랑인 것이다.

> 3월의 끝에서 동백꽃은 시들기 전에 땅에 뚝 뚝 떨어집니다. 떨어진 채로 며칠을 더 붉게 타오르다 퇴색되지요.
> 　동백나무는 1년 365일 푸른빛을 잃지 않다가 겨울이면 붉은 꽃을 피워내고 그러다 봄이면 사무치게 그리운 님 따라 붉게, 붉게 떠나갑니다.
> 　내가 세상을 떠나게 된다면 동백꽃처럼, 죽어서도 얼마동안 그대 향한 마음 간직했다가 또 다시 그대 곁에서 동백으로, 끊임없이 피고 질 것입니다.
> 　　　　　　　　　―「다시, 동백으로」 부분

　시인은 이렇게 동백꽃의 속성을 통해 거듭 사랑을 밝혀준다. 일찍이 동백이야말로 우리 생의 속성을 집약적으로 밝혀주는 상징으로 사용되어 왔다. 시련이 없이 피어나는 동백이 없듯이 우리의 사랑도 그러하다. 겨울을 인내한 동백꽃은 3월의 끝에서 간절한 모습을 펼쳐 보여준다. 동백이 펼쳐주는 생의 절절한 몸짓은 시인에게는 놀라운 것으로 다가온다. 그것은 "3월의 끝에서 동백꽃은 시들기 전에 땅에 뚝 뚝 떨어집니다."에 잘 드러난다. 그래서 자신이 죽는 순간까지도 시인은 동백의 절제와 순종을 간직하고자 하는 것이다.

> 숨 쉬듯 나는 당신을 마십니다. 공기를 마시듯 물을 마시듯 그런 기쁨으로, 그렇게 벅찬 기쁨으로 살아갑니다. 언젠가 찾아올 죽음 앞에서도 나는 행복할 것입니다. 이 사랑, 이 믿음, 이 감동이 함께하는 한 날마다 새로이 태어나 내일을 기다릴 것입니다.
> ―「숨」 전문

노금선 시인의 사랑은 이렇게 다가오는 것이다. 이 시에 이르면 시인의 시는 사랑의 본질에 깊이 가 닿는 것이다. 생의 궁극인 생명의 바탕에 닿아 흐르는 사랑을 시인은 "숨 쉬듯 나는 당신을 마십니다"라는 한 구절에 집약시켜놓고 있다. 노금선 시인에게 시의 바탕이 되는 힘은 사랑 그 자체인 것이다. 이렇듯이 시인에게 2시집은 사랑의 표현에서 새로운 발상의 전환을 모색하면서 새로운 의미를 탐색해가는 과정으로 드러난 것이다.

3

노금선의 제3시집에서는 좀더 새로운 시세계를 향해서 나아가고 있다. 그의 사랑은 이제 세상의 바닥에 철저히 닿아있는 차원에 전개된다. 그의 시가 좀더 우리에게 친근하게 다가오는 것도 그가 획득한 구체성으로 가능한 것이다. 그의 시의 형태 변화와 시적 구체성의 성취는 새로운 모습을 보이면서 사랑의 절박한 문제로 접근해 간다. 다음 시에서 그러한 점을 구체적으로 확인할 수 있을 것이다. 3시집에 오면 사랑의 구체적인 실상들을 형상화하고 있다. 그것은 삶의 구체성을 동반하는 생의 리얼리티로도 나타난다.

> 배꼽을 외눈으로 뜨고 비스듬히 훑던
> 그녀의 손이 아래로 내려간다
> 바닷가에 아이들이 모래로 반죽하며 논다
> 모든 것의 투영인 반죽
> 그녀는 자신의 배설물 반죽하여 아름다운 벽지 만들고
> 도자기를 만든다
> 짙은 냄새가 방안을 돌아다닌다
> 아이들이 만든 모래성이 무너진다
> 보고 있던 그녀가 아이들에게 줄 간식을 만든다
> 맛있게 만든 쿠키를 주머니에 넣고
> 아이들 쪽으로 걸어간다
> 사방에서 짧고 강렬한 소리가 들린다
> 공포를 느낀 그녀가 주머니에 넣어둔 쿠키를 감싸 안고
> 마구 달린다
>
> 순간 걸음 멈춘 햇살이 거실을 읽고
> 묵묵히 끼어 있던 어둠의 서표들이 뛰어나온다
> 아이를 찾는 그녀의 손에 잘 반죽된 배설물이 씻겨 나가고
> 그녀는 잃어버린 쿠키를 찾아 거실을 맴돈다
> ―「아름다운 환영」 전문

이 시는 시인이 봉사하는 실버 랜드에서 노인들과 겪은 내용을 사실적으로 묘사하고 있다. 그만큼 그의 시도 이제는 사

실성에 바탕을 두고 있는 것이다. 위 시에는 치매에 빠져 자신의 생을 방기해버린 노년의 삶이 등장하고 있다. 생리적인 조절도 불가능하게 된 노인은 이제 천진난만한 어린 시절로 돌아가 즐거운 놀이(?)를 펼친다. 그러나 그 놀이는 우리들 누구라도 경악하며 거부하는 것이다. 이 시에 등장하는 노년은 지나간 시간을 모두 잊어버리고 자신의 존재감도 해체해버린 순간으로 돌아가 있다. 이 시는 그것을 보고 겪는 시인의 안타까움을 토대로 하였다. 그러기에 '아름다운 환영'이라는 제목은 역설적인 표현이며 아이러니컬한 것이다. 이제 시인의 사랑은 처절한 고통 위에서도 싹트고 있는 것이다.

> 80년 성을 쌓아 오는 동안 다섯 명의 도둑이 들었다
> 첫 번째 도둑은 뒷문으로 몰래 들어와
> 7년을 들락거리며 제 몸만 살찌웠다
> 화가 난 주인은 뒷문을 막아 버렸다
> 둘째 도둑은 벌건 대낮 문 열고 들어와
> 온 성을 휘젓고 다니며 귀중품을 다 가져갔다
> 그 사이 좀도둑도 들어와 야금야금 파먹고 달아났다
> 놀란 주인이 성을 다시 쌓고 문도 겹겹이 닫아버렸다
> 오십 년 만에 큰 태풍과 홍수 범람하던 날
> 성은 주저앉고 말았다
> 불쌍히 여긴 한 도둑, 살짝 들어와
> 제 집 물건 슬며시 놓고 갔다
> 그날도 물건 갖다 놓고 나가다 담벼락 무너지며
> 그 자리에서 숨을 거뒀다
> 물건 훔치러 왔다는 누명쓰고 억울하게 죽었다
> 노모는 입을 닫고 앓아야 했다
> ―「노모」 부분

이 시에는 노모의 삶을 형상화하고 있다. 그 한 과정을 시인은 "다섯 명의 도둑"에 대하여 비유적으로 표현하고 있다. 노모의 삶은 다섯 명의 도둑이 들어와 도둑질해 가는 사이에 겪은 고통을 감당하는 과정이었다. 어쩌면 모든 것을 훔쳐 달아나는 도둑, 귀중품을 털어가는 도둑, 그리고 더러는 제 물건을 두고 가는 도둑도 있었을 것이다. 그러나 그러한 도둑들을 보고도 노모는 입을 닫아야만 하는 삶을 살아야 했던 것이다. 80년의 세월을 도둑들에게 빼앗기며 보내온 삶으로 비유했다. 그것은 노모가 겪을 수밖에 없었던 고통 속의 사랑이었을지도 모른다.

그렇다. 사랑은 너무나도 적나라한 생활인 것이다. 사랑의 의미는 생을 향해 더 깊어져 가면서 삶의 흐름을 유지하는 것이다. 그만큼 사랑은 혼돈 속의 생을 넘어서려는 갈등과 대립을 품는 것이기도 하다. 그러한 시 한편을 읽어보도록 하자.

몇 시간 걸려 찾아간 홍원항 포구는 떠밀려온 쓰레기 껴안고 출렁였다 좌판 위 생선과 축축한 날씨가 비린내를 풍기며 발끝까지 밀려들었다 비 맞는 바다 보며 그들은 술을 마셨다 서로 권하기도 전에 잔을 비웠다

이제 모두 잊어버리자
3년 전 이 포구에서 처음 만났을 때 둘은 서로를 버려야 했다

오랫동안 둘은 만나지 못했다 그녀는 포구에 정박된 폐선을 한참 바라보았다 그를 처음 만난 이곳에서 매듭을 조이고 싶었는데

우산도 없이 포구 둑길을 걸으면서
　　그는 말이 없었다 몸이 모두 젖어버렸고 그녀는 매듭을 쥔
채 그만 돌아가자는 그의 손을 뿌리치고 빠르게 빗속으로 사라
졌다

　　사라진 그녀가 어둠을 몰고 홍원항 포구에 있다 어떤 일도
일어날 수 있는 우기였다
　　　　　　　　　　　　　　　　ー「장마」 부분

　이 시는 사랑을 위한 만남의 구체적인 정황 위에서 성립한다. 다만 남자와 여자의 사랑이 무엇인지는 구체적으로 알 수 없는 양상으로 전개되고 있다. 젊은 날을 지나와 서로가 함께 할 수 없는 상황에서도 여자는 동행하고자 한다. 남자는 그러할 수 없음을 강조하고 서로의 만남을 부정하고 있다. 그것의 해결은 단지 죽음으로 귀결되는 것이 이 시의 안타까움이다. 사랑은 이러한 고통 위에 쌓는 것인지도 모를 일이다.
　이 시의 제목이 '장마'인 것은 여러 면으로 암시적이다. '장마'의 상징성은 생의 혼미함을 은유적으로 드러내고 있다. 지난날 함께 할 수 없었던 과거, 그러나 늦은 날 만나서 함께 할 수 없는 상황에도 이를 부정하고 함께 하려는 쪽과 그것을 부정하는 다른 쪽의 대립은 언제라도 벌어질 수 있는 우리생의 축소판인 셈이다. 이 시는 생의 역설과 사랑의 아이러니를 보여주는 것으로 읽을 수 있다.

　　내 몸 어딘가에
　　절망의 꽃잎 돋아나

고통의 밤 쌓이던 병실에서
죽음만을 생각하고 있을 때
당신을 처음 만났습니다

보석은 아니지만
영롱한 비취색에
황금과 에메랄드와 홍보석으로 빛나던
당신의 매력에 빠져
짝사랑 해온지 삼십년

사랑의 힘은 위대했습니다
죽을 수밖에 없었던 목숨 다시 살아나고
세계 속에 당신을 알리는 나전공예가로
다시 태어났습니다

당신이 나의 사랑이었다면
조국은 나의 어머니였습니다
이국 땅 외로움 속에서
그리움 삭히며
한국의 얼 알려 온지 수십 년
당신은 이제 길정본과 함께
한국인의 자랑이 되었습니다

자랑스런 나전 박물관을 세우고
그 맥을 이어 후진들을 양성할 때까지
멈추지 않을 나의 사랑은
영롱한 당신의 빛처럼
오래 오래 빛날 것입니다
ㅡ「내 사랑 나전에게」 전문

이렇듯이 시인의 사랑은 구체적인 리얼리티를 만나서 비로소 빛나는 것이다. 나전공예가로 살아오면서 겪은 생을 한국 땅과 이국에 떨어져 있는 거리로 하여 겪을 수밖에 없었던 고통으로 표현하고 있다. 그의 사랑은 그만큼 넓은 대상을 향하고 있는 것이다. 여기에 이르면 시인의 사랑은 남녀의 맥락을 벗어나고 있다. 오히려 모든 시련을 넘어서 열리는 예술정신에 가깝다고도 할 수 있다. 이제 노금선 시인은 예술가로서의 삶을 향한 큰 애정을 펼쳐 보인다.

노금선 시인의 3시집을 읽으면서 우리는 다시, 우리에게 사랑이란 무엇인가를 되물어보아야 하는 것이다. 사랑을 향한 고통과 슬픔 속에 차오른 어둠도 종국에는 석류처럼 쪼개지고 갈라지며 빛을 쏟아내는 것이다. 사랑, 그것은 누구에게라도 영원히 해결할 수 없는 갈증이기 때문이다.

노금선 시인은 그동안 시와 함께 낭송, 그리고 동양화, 서예 등의 다양한 분야에도 깊은 관심을 기울여 왔다. 시인의 이러한 열정은 모두 시와 삶에 대한 절대적 사랑에 기초하고 있는 것이다. 그는 2018년 8월에 한남대학교 대학원에서 시창작으로 박사학위를 받았다. 이것은 그동안 그가 펼쳐온 시에 대한 사랑의 총체적인 결과라고 말할 수 있다. 그가 추구해온 시에 대한 사랑은 참으로 소중하고 가치 있는 것이다. 앞으로 그가 삶의 지난한 과정으로 겪었던 고통과 슬픔은 모두 그의 시 속으로 스며들어 사랑의 더 큰 품과 따뜻함으로 태어나게 될 것으로 확신하고 있다. 노금선 박사의 제3시집 출간을 진심으로 축하드린다.

이든시인선 026

그래도 사랑

ⓒ노금선, 2018

1판1쇄 | 2018년 12월 25일

지은이　노금선
발행인　이영옥
편집　　김원선

펴낸곳　이든북
출판등록 제2001-000003호
주소　　34625 대전광역시 동구 태전로 43-1 (의지빌딩 201호)
전화번호 (042)222-2536 | 팩스(042)222-2530
전자우편 eden-book@daum.net

ISBN 979-11-87833-81-9　03810
값 10,000원

* 이 책의 판권은 지은이와 이든북에 있습니다.
* 이 책 내용의 전부 또는 일부를 재사용하려면 반드시 양측에 서면 동의를 받아야 합니다.

* 이 사업은 대전광역시, 대전문화재단에서 사업비 일부를 지원 받았습니다.